Fenomeno sospetto

Una guida al pH per ragazze.

Marcy Schaaf

Italiano

pHishy
pHenomenon

A pH guide for girls.

Marcy Schaaf

Italian

Welcome to the bubbly world where suds, giggles, and pH mysteries await! In "pHishy pHenomenon," we stumbles into soapy chaos, discovering that using the wrong pH balance can turn a bath into a bubbling blunder. Get ready for a hilarious adventure filled with slippery slides, hay bale hair, and a superhero's skin suit gone wrong! Until we find the secret to perfect pH, or will we be caught in the soapy shenanigans of the pHishy pHenomenon? Dive into this bubblicious tale, and let the laughter and learning begin!

Benvenuto nel mondo frizzante dove ti aspettano schiuma, risatine e misteri del pH! In "pHishy pHenomenon", ci imbattiamo in un caos saponoso, scoprendo che l'uso dell'equilibrio sbagliato del pH può trasformare un bagno in un errore gorgogliante. Preparati per un'avventura esilarante piena di scivoli scivolosi, capelli di balle di fieno e una tuta di pelle da supereroe andata storta! Fino a quando non troveremo il segreto per un pH perfetto, o rimarremo intrappolati negli imbrogli saponosi del fenomeno pHishy? Immergiti in questa storia frizzante e lascia che le risate e l'apprendimento abbiano inizio!

understanding pH effects
1 2 3 4 5 6 7 8 9 10 11 12 13 14
Strongly Acidic
Weakly Acidic
Weakly Alkali
Strongly Alkali

comprendere gli effetti del pH
1 2 3 4 5 6 7 8 9 10 11 12 13 14
Strongly Acidic
Weakly Acidic
Weakly Alkali
Strongly Alkali

Today, we learn the
magic of pH balance!

Oggi impariamo la magia dell'equilibrio del pH!

Bubble Bath Bonanza!

High pH bubbles—uh-oh! The bubbles pop,
and a not-so-sweet smell fills the air.

Lesson:

High pH smells bad!

Let's find the perfect pH for our bubbly adventures.

Bonanza del bagnoschiuma!

Bolle ad alto pH: uh-oh! Le bolle scoppiano
e un odore non così dolce riempie l'aria.

Lezione:
Il pH alto ha un cattivo odore!

Troviamo il pH perfetto per le
nostre avventure spumeggianti.

Face Wash Fiasco!

Low pH face wash—oops!
Your face turns oily, like a
slippery slide!

Fiasco del lavaggio del viso!

Detergente per il viso a
basso pH: oops!
Il tuo viso diventa oleoso,
come uno scivolo
scivoloso!

Tip:

Low pH makes skin oily. Let's discover the ideal pH for a fresh-faced feel.

Mancia:

Il pH basso rende la pelle grassa. Scopriamo il pH ideale per una sensazione di freschezza sul viso.

Shampoo Shenanigans!
High pH shampoo—splash!
Makes hair feels like a
hay bale!

Shampoo Shenanigans!

Shampoo a pH elevato: uno schianto! Fa sembrare i capelli come una balla di fieno!

High pH makes hair sad, Let's
uncover the secret of luscious
locks with perfect pH.

Il pH elevato rende i capelli tristi. Scopriamo il segreto di ciocche succulente con un pH perfetto.

Bar Soap Blunder!
Low pH soap—eek!

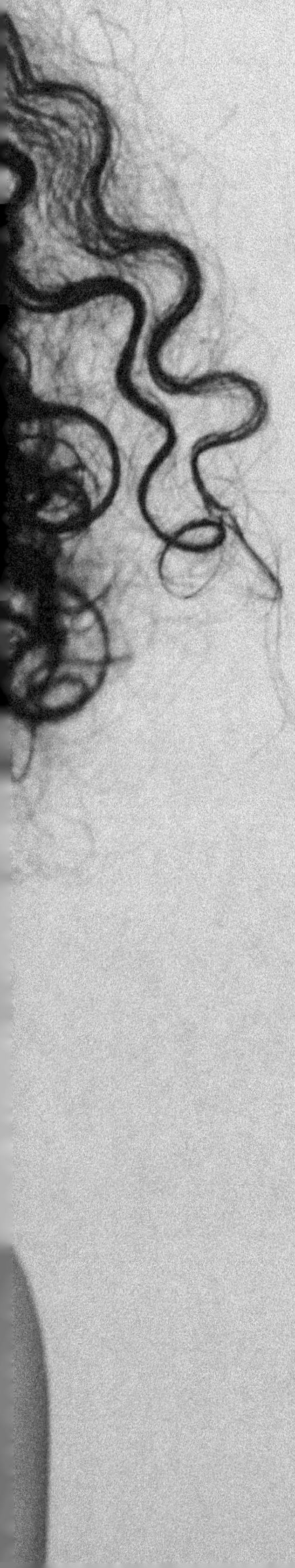

Skin feels tight,
like a superhero's suit
gone wrong!

Errore nella saponetta!

Sapone a basso pH: eeeek!!!

La pelle risulta tesa, come se
il costume di un supereroe
fosse andato storto!

Let's unveil the mystery of soft,
supple skin with the right pH.

The magic number—7!
Just like tap water,
it's the skin's best friend.

Sveliamo il mistero di una pelle
morbida ed elastica con il giusto
pH.
Il numero magico: 7!
Proprio come l'acqua del
rubinetto, è la migliore amica
della pelle.

Perfect pH Party!

Bubble Bash:

Our skin loves pH 7!
It's the magic number for a
bubbly, fresh, and fantastic
feeling.

Festa del pH perfetta!

Bubble-Blash:

La nostra pelle ama il pH
7!
È il numero magico per una
sensazione frizzante, fresca
e fantastica.

Marvelous Makeover!

Use all pH 7 goodies—a bubbly bath, fresh face, silky hair, and soft skin!

Rinnovo meraviglioso!

Usa tutti i prodotti a pH 7: un bagno frizzante, un viso fresco, capelli setosi e una pelle morbida!

Let's share the magic
of perfect pH
with our friends.

Condividiamo la magia del pH perfetto con i nostri amici.

Bubbly Ballet:

Dance with us,
Feel the magic of perfect pH
and let the fun begin!

Balletto frizzante:

Balla con noi, senti la magia
del pH perfetto e lascia che il
divertimento abbia inizio!

Tell the secrets of perfect pH .

Spiega i segreti del pH perfetto.

What happens with low pH?

Cosa succede con un pH basso?

What

happens with

high pH?

Cosa
succede con
il pH
elevato?

What soap is right for your skin?

Qual è il sapone giusto per la tua pelle?

1 2 3 4 5 6 7 8 9 10 11 12 13 14
Strongly Acidic
Weakly Acidic
Weakly Alkali
Strongly Alkali